Methodenkurs Sekundarstufe II

Das Arbeiten in Projekten

planen – durchführen – präsentieren

Erarbeitet von
Peter Riedner
Simone Voit

Ernst Klett Verlag
Stuttgart · Leipzig

1. Auflage   1 ⁵ ⁴ ³ ² ¹ | 2014 13 12 11 10

Alle Drucke dieser Auflage sind unverändert und können im Unterricht nebeneinander verwendet werden. Die letzte Zahl bezeichnet das Jahr des Druckes.
Das Werk und seine Teile sind urheberrechtlich geschützt. Jede Nutzung in anderen als den gesetzlich zugelassenen Fällen bedarf der vorherigen schriftlichen Einwilligung des Verlages. Hinweis §52 a UrhG: Weder das Werk noch seine Teile dürfen ohne eine solche Einwilligung gescannt und in ein Netzwerk eingestellt werden. Dies gilt ach für Intranets von Schulen und sonstigen Bildungseinrichtungen. Fotomechanische oder andere Wiedergabeverfahren nur mit Genehmigung des Verlages.
Auf verschiedenen Seiten dieses Heftes befinden sich Verweise (Links) auf Internet-Adressen. Haftungshinweis: Trotz sorgfältiger inhaltlicher Kontrolle wird die Haftung für die Inhalte der externen Seiten ausgeschlossen. Für den Inhalt dieser externen Seiten sind ausschließlich die Betreiber verantwortlich. Sollten Sie daher auf kostenpflichtige, illegale oder anstößige Inhalte treffen, so bedauern wir dies ausdrücklich und bitten Sie, uns umgehend per E-Mail davon in Kenntnis zu setzen, damit beim Nachdruck der Verweis gelöscht wird.

© Ernst Klett Verlag GmbH, Stuttgart 2010. Alle Rechte vorbehalten. www.klett.de
Programmbereich Klett-Auer

Autorin/Autor: Simone Voit, Pullach; Peter Riedner, München

Gestaltung: Image Design, Astrid Sitz, Köln
Umschlaggestaltung: Stefanie Kaufhold mit weissbunt, Berlin
Titelbild: Fotolia
Satz: Fotosatz H. Buck, Kumhausen
Druck: Himmer AG, Augsburg

Printed in Germany
ISBN 978-3-12-006569-2

Inhalt

Vorwort 4

1. **Projektarbeit – Einführung** 5
   Portfolio.. 9

2. **Projektdefinition und Projektplanung**............................ 11
   SMART-Regel 12
   Zeitmanagement 18
   Teamentwicklung 19

3. **Projektdurchführung** 24
   Feedback.. 25
   Kommunikation im Team 27

4. **Projektabschluss** 31
   Präsentieren von Ergebnissen 32
   Evaluationszielscheibe 36
   SWOT-Analyse 36
   Evaluationsbogen 37

5. **Abschlussgespräch** 38
   Beispiele für Projekte in der Schule 39

Quellenverzeichnis... 40

Vorwort

Projekte gibt es in der modernen Arbeitswelt überall – ob in der Forschung, in Unternehmen oder in öffentlichen Institutionen wie Museen oder Ämtern. Auch in der Schule gewinnt das Arbeiten in Projekten zunehmend an Stellenwert: Einerseits ist damit die **gezielte Vorbereitung auf Ihr späteres Berufsleben** verknüpft. Andererseits werden in der Projektarbeit **unterschiedliche Kompetenzen und Fähigkeiten vereinigt**, sodass sich positive Synergieeffekte beispielsweise auf das Schulleben ergeben können. Mithilfe der Projektarbeit lassen sich auch in der Schule **größere Vorhaben** – beispielsweise der Aufbau einer Schulcafeteria oder ein jahrgangsstufenübergreifendes Theaterfestival – effektiv durchführen, ohne dass die Organisation aus dem Ruder läuft oder der Zeitplan ins Wanken gerät.

Dieser Band möchte alle am Schulleben beteiligten Personen – Lehrkräfte, Schüler, Eltern und andere externe Partner – bei der Planung und Durchführung von Projekten an der Schule unterstützen und der Projektarbeit **Struktur verleihen**, um deren **Organisation einfacher und effektiver zu gestalten** und **Zeitverluste zu vermeiden**. Denn: Projektarbeit bedeutet nicht, die Dinge dem Zufall zu überlassen, sondern im Gegenteil alle Teilschritte des Projekts theoretisch zu durchdenken, die Ziele genau zu definieren, deren konkrete Umsetzung zu steuern und fortlaufend zu überprüfen, bevor anschließend Ergebnisse präsentiert und bewertet werden.

Dazu stellt der Band **alle Phasen eines Projekts** praxisnah und auf die Situation an Schulen bezogen vor, gibt **hilfreiche Hinweise** und bietet **vielfältige Arbeitsanregungen** für die Umsetzung im Unterricht oder in Arbeitsgruppen. Wichtige Schlagwörter in diesem Zusammenhang wie Zeitmanagement, Teamentwicklung oder Evaluation werden in diesem Band ebenso thematisiert wie verschiedene **Methoden**, z. B. die SWOT-Analyse oder das Präsentieren von Ergebnissen. Der Band kann als Vorbereitung auf eine Projektarbeit oder begleitend dazu eingesetzt werden und als wertvolles Nachschlagewerk – auch über die Schule hinaus – genutzt werden.

Wir wünschen Ihnen viel Freude und Erfolg bei der Projektarbeit!

Verfasser und Verlag

Verwendete Symbole in diesem Themenheft

Arbeitsanweisungen werden durch blau unterlegte Kästen und ein entsprechendes Piktogramm hervorgehoben. Sie haben unterschiedliche Zielsetzungen, sollen z. B. motivieren und Impulse setzen, dienen aber ebenso der Wiederholung und Einübung von Lerninhalten, der Anwendung von Methoden, der Vertiefung und der gedanklichen Weiterführung. Arbeitsanweisungen berücksichtigen verschiedene Schwierigkeitsgrade, ermöglichen Einzel- oder Teamarbeit und ergänzen den Unterricht durch Vorschläge zur häuslichen Übung oder Vorbereitung.

In diesem Buch werden verschiedene, für die Projektarbeit wichtige **Methoden** systematisch eingeführt und angewendet. Je nach Projekt können diese flexibel eingesetzt werden und auch über die Projektarbeit hinaus genutzt werden.

1 Projektarbeit – Einführung

> Das Forschungsprojekt mit der Universität und dem Handy-Hersteller war so erfolgreich …

> Seit ihrer Errichtung hat die Stiftung bereits fast 1 Mio. Euro in ihre Projekte investiert.

> „Produkt trifft Kunst"
> Die Stadt (…) hat 2020 ein Projekt durchgeführt, das Kunstschaffende und Wirtschaftsunternehmen zusammenbringt und Geschäftsfelder für Künstler/innen erweitert.

> Ziel vom Projekt Gesundheit 2013 ist die Förderung der Prävention/Gesundheitsvorsorge durch Aufklärung in der Bevölkerung und die praktische Umsetzung von Präventionsprojekten in Kindergärten, Schulen, Betrieben …

> Prof. Schelle (Universität der Bundeswehr): „Mit erfolgreichen Projekten (Reorganisationsvorhaben, Produkt- und Dienstleistungsentwicklungen etc.) wird der mittel- und langfristige Erfolg des Unternehmens entscheidend bestimmt."

> Die Pisa-Studie hat eindeutig belegt, dass Projekte im Schulalltag motivierend und leistungssteigernd sind …

Abb. 1.1: Diverse Projekte

1. Überlegen Sie, welche Projekte Sie aus Ihrem Umfeld kennen!
2. Stellen Sie erste Überlegungen an, warum die Projektarbeit in der modernen Arbeitswelt immer mehr an Bedeutung gewinnt und welche Berufsgruppen davon besonders betroffen sind!

Nach DIN 69901 (Projektwirtschaft) handelt es sich bei einem Projekt um ein Vorhaben, bei dem innerhalb einer **definierten Zeitspanne** ein **definiertes Ziel** erreicht werden soll und das sich dadurch auszeichnet, dass es im Wesentlichen ein **einmaliges Vorhaben** ist.

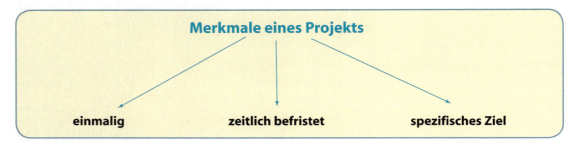

Abb. 1.2: Merkmale eines Projekts

Darüber hinaus zeichnet sich ein Projekt dadurch aus, dass es sich mit komplexen Zusammenhängen auseinandersetzt und mehrere Personen miteinander arbeiten müssen. Für diesen Zweck braucht man in der Projektarbeit bestimmte Organisationsformen, die die Teamarbeit, also auch die Koordination der verschiedenen Aufgaben unterstützen. Diese Vorgehensweise wird mit dem Begriff **Projektmanagement** ausgedrückt.

1 Projektarbeit – Einführung

Definition
- Projektmanagement umfasst die Gesamtheit von Führungsaufgaben, Organisation, Techniken und Mitteln für die Abwicklung eines Projekts. (DIN 69901)

Parameter
- alle Planungs-, Steuerungs-, Kontroll- und Informationstätigkeiten
- Entscheidung über Personal, Zeit und Ablauf
- Betreuung der Teams

Ziel
- Projektaufgaben mit den speziellen Leistungsmerkmalen innerhalb der zur Verfügung stehenden Zeit durchzuführen

Abb. 1.3: Projektmanagement (in Anlehnung an: DIN 69901 Projektwirtschaft)

3. Arbeiten Sie aus der Definition und der Beschreibung heraus, was ein Projekt auszeichnet, und stellen Sie erste Überlegungen an, welche Aufgaben und Fragen beim Arbeiten in Projekten prinzipiell geklärt werden müssen!

Projektmanagement existiert, seitdem Menschen größere Projekte gemeinschaftlich durchführen. Weder die Planung und Ausrüstung eines Feldzuges noch der Bau der Pyramiden, noch die Entdeckung der Westpassage nach Indien sind vorstellbar, ohne dass die Verantwortlichen diese Projekte geplant hätten. Jedoch geschah dies meist ohne Konzept und oft allein aufgrund der Erfahrungen und der Kenntnisse der Verantwortlichen. Erst im 20. Jahrhundert wurden diese Verfahren zusammengetragen, systematisiert und wissenschaftlich aufbereitet. Als erste Projekte nach dieser Systematik gelten der Bau des Sueskanals in Ägypten und des Hoover-Staudamms in den USA (siehe Abb. 1.4).

Abb. 1.4: Hoover-Staudamm

Das Projektmanagement gliedert ein Projekt in typische Phasen. In der Regel handelt es sich dabei um ein Vier-Phasen-Modell.

Die erste Phase, die sogenannte **Projektdefinition**, bildet die Grundlage eines Projekts. Der Projektauftrag wird analysiert, erste Grobziele werden definiert und mit dem Auftraggeber abgesprochen. Das Team überlegt sich, welche Ressourcen (z. B. Personen, technische Möglichkeiten) zur Verfügung stehen.

Nach dieser Phase erfolgt die **Projektplanung**, die sich mit der theoretischen Umsetzung des Projekts auseinandersetzt. Dazu muss das Projekt in einzelne Teilaufgaben gegliedert werden, die sich aus dem Projektauftrag erschließen. Wichtige Zwischenziele werden als Meilensteine bezeichnet, da ihre Erreichung für den weiteren Verlauf des Projekts entscheidend ist. Zur Unterstützung werden Pläne dafür erstellt, wie z. B. die geplanten Inhalte im Ablauf und auch in zeitlicher Hinsicht umgesetzt werden. Das Team trifft dabei Entscheidungen, wer welche Aufgaben übernimmt.

In der Phase der **Projektdurchführung** werden die vorangegangenen Planungen konkret umgesetzt. Dieser Prozess muss ständig hinsichtlich der Erfüllung (inhaltlich und zeitlich) überprüft werden. Dazu benötigt man ein sogenanntes Projektcontrolling. Ein weiteres wichtiges Instrument in dieser Phase ist die Dokumentation aller Vorgänge. Denn nur so können Schwachstellen aufgedeckt und korrigiert werden. Beim **Projektabschluss** werden das Projektergebnis präsentiert und eine Dokumentation des Projekts übergeben. Ein weiterer wichtiger Schritt dieser Phase ist die Reflexion über Prozess und Ergebnis des Projekts.

Die Phasen Projektdefinition (Phase I) und Projektplanung (Phase II) können, insbesondere bei Projekten in der Schule, zu einer Phase zusammenfallen. Hinzu kommen oft eine Bewertung und eine Beschreibung hinsichtlich der Tätigkeiten, die im Rahmen des Projekts durchgeführt werden. Erworbene Kompetenzen wie Einsatz, Leistungsbereitschaft, Selbstständigkeit usw. werden ebenfalls beschrieben. Eine weitere Besonderheit von Projekten in der Schule kann die Zusammenarbeit mit einem oder mehreren externen Projektpartner/-n sein. Dadurch wird der studiums- und berufsbezogene Aspekt der Projektarbeit weiter vertieft.

In der folgenden Abbildung wird die Struktur dieses Vorgehens gezeigt:

Abb. 1.5: Phasen eines Projekts

4. Welchen Nutzen bringt die Anwendung der Methode Projektmanagement? Verwenden Sie zur Beantwortung dieser Frage die Mindmap-Technik!

Portfolio

Der Begriff Portfolio leitet sich aus dem lateinischen *portare* „tragen" und *folium* „Blatt" ab und bezeichnet zunächst eine Sammelmappe, in der allerlei nützliche Blätter zusammengetragen und aufbewahrt werden. Schon zur Zeit der Renaissance haben Künstler und Architekten ein Portfolio mit sich geführt, wenn sie sich in Akademien bzw. um Bauaufträge bewarben. Damit war es ihnen möglich, nicht nur zu zeigen, was sie bereits alles gezeichnet oder gebaut hatten, sondern sie konnten auch nachweisen, wie sie sich mit der Zeit weiterentwickelt haben.

Auch bei Projekten in der Schule bietet es sich an, dass jeder Projektteilnehmer ein eigenes Portfolio anlegt und dies im Laufe des Projekts selbstständig mit Inhalten füllt. Dabei sollten nur Inhalte Eingang finden, die im direkten Zusammenhang mit dem Projekt stehen. Natürlich dürfen die angeführten Materialien nur auf den eigenen Gedanken und Ideen basieren.

Abb. 1.6: Bildhauer und Künstler bieten König Ludwig I. ihre Werke an (Ölgemälde von Wilhelm von Kaulbach, 1848)

Mit dem Portfolio dokumentieren Sie also sämtliche Beiträge, die Sie zum Gelingen des Projekts beigetragen haben. Dies dient nicht alleine der Beurteilung durch die Lehrkraft, sondern zeigt Ihnen auch Ihren individuellen Lern- und Entwicklungsprozess auf. Sie können damit Ihre Arbeitsergebnisse reflektieren und feststellen, was Sie gelernt haben, welche Kompetenzen Sie erworben haben und wo Sie sich noch verbessern könnten. Es ist auch möglich, das Portfolio für Ihren weiteren beruflichen Werdegang zu nutzen, indem Sie es z. B. einer Bewerbung bei einem Unternehmen oder an einer Hochschule beilegen. Auf diese Weise geben Sie Aufschluss über Ihre individuellen Fähigkeiten und Kompetenzen in Bezug auf den gewünschten Beruf oder das angestrebte Studium sowie über Ihre eigene Person und Ihren Charakter.

Aufbau eines Portfolios

Um ein Portfolio anzulegen und zu führen, sollten Sie die folgenden Schritte beachten:

- Besorgen Sie sich eine stabile **Sammelmappe**, in der genug Platz für verschiedene Texte, Bilder und andere Materialien ist.
- Erstellen Sie ein **Deckblatt** für Ihr Portfolio, das Ihren Namen, das Projektthema sowie den Bearbeitungszeitraum enthält.
- Im **Inhaltsverzeichnis** führen Sie sämtliche Materialien auf, die Sie in Ihr Portfolio einlegen. Da sich das Portfolio im Laufe des Projekts ständig erweitert, müssen Sie das Inhaltsverzeichnis laufend aktualisieren. Erst nach Abschluss des Projekts handelt es sich um die endgültige Fassung.
- Nach dem Inhaltsverzeichnis folgen die verschiedenen **Materialien,** z. B. eine Auswertung einer eigenständig durchgeführten Umfrage, Fotos von selbst erstellten Werkstücken oder Recherche-Ergebnisse. Wichtig ist, dass die Materialien chronologisch geordnet sind, um Ihren individuellen Lernprozess zu dokumentieren. Sie sollten daher alle Dokumente unbedingt mit Datum versehen. Es ist auch möglich, dass Sie das Portfolio in mehrere thematische Kapitel gliedern, z. B. zu den Meilensteinen des Projekts.
- Am Ende des Portfolios kann ein **Reflexionsbericht** stehen, den Sie entweder frei formulieren oder anhand vorstrukturierter Fragen erstellen. Mögliche Reflexionsfragen sind: Was habe ich gelernt? Was hat mich besonders interessiert? Was hat mir am meisten Spaß gemacht? Was kann ich noch verbessern?

5. Besorgen Sie sich eine Mappe für Ihr Portfolio und erstellen Sie ein Deckblatt!

2 Projektdefinition und Projektplanung

Ausgangspunkt eines jeden Projekts ist eine Idee, die in der ersten Projektphase in Form eines **Projektplans** mit konkreten Ziel- und Zeitvereinbarungen (**Meilensteinen**) schriftlich fixiert wird.

Der erste Schritt besteht nun darin, für die Projektidee drei Zielgrößen zu definieren:

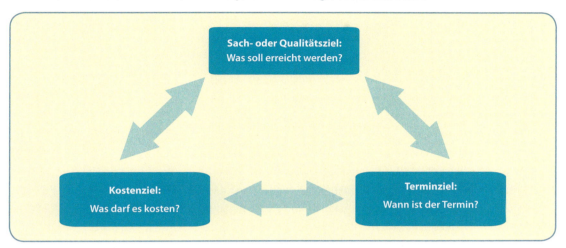

Abb. 2.1: Zieldefinition

Der Projektauftrag muss also hinsichtlich der Zielvorstellungen, des Zeitrahmens und der vermutlich anfallenden Kosten überprüft werden. Da sich alle drei Größen gegenseitig beeinflussen, ist es nicht sinnvoll, diese isoliert zu betrachten. Bei der Zielformulierung muss darauf geachtet werden, dass eine präzise und für alle Beteiligten verständliche Formulierung gewählt wird. Das Ergebnis liefert eine genaue Projektbeschreibung.

Zur Veranschaulichung wird im Folgenden immer wieder Bezug auf das Beispielprojekt „Neuer Internetauftritt für unsere Schule" genommen. Hier könnte die Zieldefinition folgendermaßen aussehen:

Abb. 2.2: Zieldefinition „Neuer Internetauftritt der Schule"

Die Ziele müssen gemeinsam und vor allem eindeutig formuliert werden, damit es nicht zu Missverständnissen kommt. Denn mit den Zielvereinbarungen wird der „Grundstein" für das Projekt gelegt, auf den immer wieder zurückgegriffen wird. Als besonders nützlich hat sich dabei die **SMART-Regel** erwiesen, die im Folgenden beschrieben wird.

SMART-Regel

Werden Ziele definiert, so gibt es ein einfaches Prinzip, das vieles auf den Punkt bringt, nämlich die **SMART**-Regel:

S	spezifisch:	Das Ziel muss konkret, eindeutig und präzise sein.
M	messbar:	Es muss überprüft werden können, ob das Ziel erreicht wurde.
A	akzeptiert/Aktion:	Das Ziel muss vom Team akzeptiert sein. Die Schritte zum Ziel müssen bekannt sein.
R	realistisch:	Das Ziel muss erreichbar sein.
T	terminierbar:	Die zeitliche Abfolge muss festlegbar sein.

Hat man die Ziele für das Projekt definiert und nach der SMART-Regel überprüft, so kann man die vereinbarten Ziele noch nach ihrer Vorrangigkeit (Priorisierung) einordnen. Eine solche Priorisierung ist vor allem für die spätere Planung und Durchführung hilfreich, da man so die Ziele herausarbeitet, die unbedingt für das Gelingen eines Projekts notwendig sind.

MUSS-Ziele	SOLL-Ziele	KANN-Ziele
Diese Ziele sind K.-O.-Kriterien für das Projekt: Wenn sie nicht erreicht werden, scheitert es.	Diese Ziele müssen erreicht werden, aber bei Nichterreichung ist das Projekt an sich nicht gefährdet. Eine Gewichtung der Soll-Ziele erleichtert später die Entscheidung, wo am ehesten Abstriche gemacht werden können.	Diese Ziele sind „Wunschziele" und es wäre schön, wenn diese erreicht würden. Hinweis: Nicht zu viele Ressourcen für Kann-Ziele verwenden, bevor Muss- und Soll-Ziele nicht sicher erreicht sind.

Abb. 2.3: Priorisierung von Zielen

1. Nehmen Sie für das Projekt „Neuer Internetauftritt für die Schule" eine erste Priorisierung der Ziele vor!

Die Entwicklung und Definition von Zielen ist eine Kernaufgabe des Projektmanagements und muss sehr sorgfältig vorgenommen werden. Von in dieser Phase formulierten Zielen hängt im Wesentlichen der Projekterfolg ab, spätere Korrekturen minimieren sich dadurch wesentlich. Deshalb sollte man am Ende der Zielformulierung diese anhand einer Checkliste durchgehen und überprüfen.

Checkliste für Zielformulierungen
- ✓ Wurde das Ziel schriftlich formuliert?
- ✓ Wurde das Ziel von allen Beteiligten verstanden?
- ✓ Gibt es Widersprüche oder Missverständliches?
- ✓ Kann das Ziel überhaupt erreicht werden?
- ✓ Gibt es Zielüberschneidungen?
- ✓ Ist das Ziel messbar?
- ✓ Besteht bei allen Beteiligten ein Interesse, das Ziel zu erreichen?

Dies sind zunächst die Rahmenbedingungen eines Projekts, die nun in einem weiteren Schritt zu präzisieren sind. Dazu kann sich das Team folgende Fragen stellen:

Abb. 2.4: Projektaufgaben

2. Suchen Sie im Team für die Fragen in Abb. 2.4 Antworten für das Projektthema „Neuer Internetauftritt der Schule"!
   a) Halten Sie diese schriftlich fest!
   b) Unterziehen Sie Ihre Antworten einer Prüfung durch die SMART-Regel!
   c) Nehmen Sie gegebenenfalls Korrekturen vor!
   d) Priorisieren Sie die Ziele!
3. Überlegen Sie sich weitere Fragestellungen zum Projektthema!
4. Stellen Sie mithilfe der Mindmap-Technik fest, welche Auswirkungen eine unklare Zieldefinition für ein Projekt haben kann!
5. Stakeholder sind Menschen, Gruppierungen oder Institutionen, die in irgendeiner Weise vom Projekt betroffen sind und/oder Einfluss auf das Projekt nehmen. Listen Sie nach folgendem Schema auf, welche Personengruppen in irgendeiner Weise von Ihrem Projektvorhaben betroffen sind und welche Erwartungen, Hoffnungen oder Befürchtungen diese mit dem Vorhaben verbinden!

Stakeholder	Erwartungen/Hoffnungen/Befürchtungen

Am Ende dieses Prozesses liegt eine genaue Projektbeschreibung vor, in der ausführlich alle Merkmale schriftlich fixiert sind und die mit allen Beteiligten abgestimmt ist. Diese fixierte schriftliche Grundlage ist ab jetzt für alle Beteiligten verbindlich und das Team sollte sich immer wieder im Laufe des Projekts darauf beziehen. Ein weiterer Vorteil liegt darin, dass Außenstehende (z. B. Auftraggeber, externe Projektpartner) jederzeit die Projektentwicklung nachvollziehen können.

Zu diesem Zeitpunkt soll auch geklärt sein, wer verantwortlicher Projektleiter ist. Dazu bietet sich eine Lehrkraft, eine Schülerin oder ein Schüler oder ein Team aus mehreren Schülern an.

Nun stellt sich die Frage, welche **Aufgaben** die **Projektleitung** z. B. übernehmen muss:

Aufgaben eines Projektleiters

- fachliches Ergebnis vorantreiben
- geeignetes Vorgehen wählen
- Beschlüsse herbeiführen
- Ziele erreichen
- Teamführung
- …

Abb. 2.5: Aufgaben eines Projektleiters

6. Überlegen Sie, welche Kompetenzen ein Projektleiter mitbringen muss, um ein Team erfolgreich zu führen!
7. Recherchieren Sie z. B. im Internet, welche Kompetenzen von einer Projektleitung in der Arbeitswelt erwartet werden, und überlegen Sie, ob diese auch für Ihr Projekt ausschlaggebend sind!

Am besten legt man bereits zu diesem Zeitpunkt ein sogenanntes „**Pflichtenheft**" an, das in einer Art Vorwort den Projektauftrag und dessen wesentliche Inhalte und Ziele beschreibt. Dieses Heft hat die Aufgabe, rechtzeitig Abweichungen und/oder Fehlentwicklungen, die während des Prozesses auftreten, festzustellen.

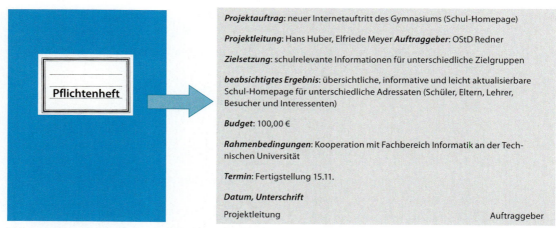

Projektauftrag: neuer Internetauftritt des Gymnasiums (Schul-Homepage)

Projektleitung: Hans Huber, Elfriede Meyer *Auftraggeber*: OStD Redner

Zielsetzung: schulrelevante Informationen für unterschiedliche Zielgruppen

beabsichtigtes Ergebnis: übersichtliche, informative und leicht aktualisierbare Schul-Homepage für unterschiedliche Adressaten (Schüler, Eltern, Lehrer, Besucher und Interessenten)

Budget: 100,00 €

Rahmenbedingungen: Kooperation mit Fachbereich Informatik an der Technischen Universität

Termin: Fertigstellung 15.11.

Datum, Unterschrift

Projektleitung　　　　　　　　　　　　　　　　　　　　　　　　Auftraggeber

Abb. 2.6: Beispiel für ein Pflichtenheft (Vorwort Projektauftrag)

8. Formulieren Sie für Ihr Projekt den Projektauftrag (siehe Abb. 2.4) und gehen Sie dabei nach den angegebenen Schritten vor!

Am Ende der Phase Zieldefinition sollten Sie folgende Schritte unbedingt durchlaufen haben:

Abb. 2.7: Schritte am Ende der Phase Zieldefinition

In einem weiteren Schritt muss nun das Projekt strukturiert werden. Eine solche **Projektplanung** ist unabdingbar, denn nur so wird der Projektablauf bereits einmal gedanklich vorweggenommen. Diese Aufgabe muss genauso wie die Zieldefinition sorgfältig erledigt werden. Denn nur so ist zu verhindern, dass sich Fehler in das Projekt einschleichen, die später Zeit kosten oder gar das Projekt zum „Absturz" bringen. Für die Planung von Projekten gibt es eine Reihe von unterstützenden Hilfsmitteln. Der **Projektstrukturplan** (PSP) stellt die inhaltliche Projektstruktur dar, d. h. er legt genau fest, welche Aufgaben die Projektteilnehmer zu erfüllen haben. Diese Festlegung geschieht in Form von Arbeitspaketen, die in sich geschlossene Aufgaben beschreiben.

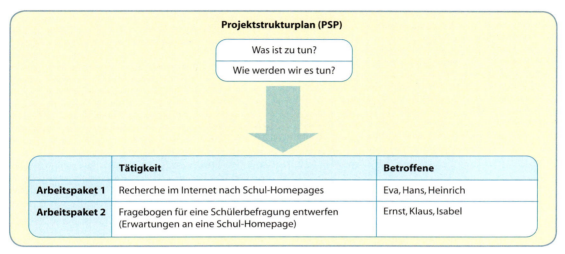

Abb. 2.8: Grundsätzliche Schritte für den PSP

Ein Projektstrukturplan kann mehrere „Teilstrukturpläne" der einzelnen Arbeitsgruppen enthalten, z. B., um die Teilziele zu präzisieren oder abzugrenzen.

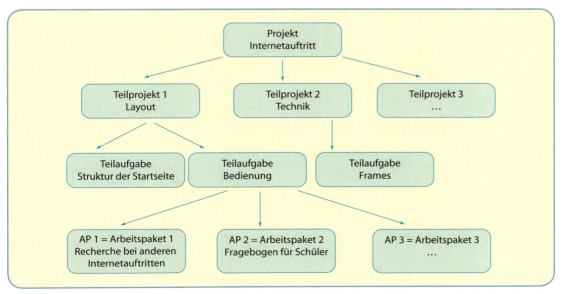

Abb. 2.9: PSP am Beispiel „Neuer Internetauftritt der Schule"

Aus diesem Projektstrukturplan wird anschließend eine sogenannte Vorgangsliste erstellt. Diese Vorgangsliste wird ebenfalls in das Pflichtenheft mit aufgenommen:

Dokumentation des Prozessgeschehens					
Nr.	Aufgabenpaket	Methode	Verantwortlich	Datum Soll	Datum Ist	Ergebnis
1	Recherche bei anderen Internetauftritten	Recherche	Eva, Hans, Heinrich	27.04.		

Abb. 2.10: Darstellung der Arbeitspakete im Pflichtenheft

9. Führen Sie den PSP für das Projekt „Neuer Internetauftritt der Schule" fort und halten Sie die einzelnen Arbeitspakete – wie vorgeschlagen – schriftlich fest!

Ausgehend vom PSP können für die einzelnen Untereinheiten die angestrebten Qualitätsmerkmale definiert werden. Dazu zählt alles, was für die Qualität des Gesamtprojekts wichtig und messbar ist, z. B. durchzuführende Tests oder zu erreichende Standards. Die Qualitätsprüfung sollte stets in enger Abstimmung mit dem Auftraggeber oder eventuell mit dem externen Projektpartner erfolgen. Ihr Ergebnis wird ebenfalls in das Pflichtenheft, in dem sämtliche Spezifikationen des Projekts festgelegt werden, übertragen.

In einem weiteren Schritt muss die terminliche Abfolge geklärt werden. Bei der Zeitplanung empfiehlt es sich, „von hinten" anzufangen, d. h., ab Abgabetermin rückwärts zu planen. So ist für jede Untereinheit im PSP der Zeitaufwand bestimmt. Ferner muss die Abfolge der Einheiten unter Berücksichtigung sonstiger Termine geplant werden, die das Projekt beeinflussen können (z. B. intensive Klausurenzeiten, Ferien). Oftmals ist mit einem Projekt ein bestimmtes Budget verbunden. Grundlage für die Kostenplanung ist ebenfalls der PSP, in dem für jede Untereinheit eventuell entstehende Kosten ermittelt werden.

10. Ergänzen Sie die Arbeitspakete schriftlich um die Faktoren Zeit, Kosten und Qualität!

Wichtige Zwischenergebnisse werden im Projektablauf als **Meilensteine** definiert. Wird ein Meilenstein erreicht, findet eine Überprüfung der Ergebnisse statt und es wird über den weiteren Verlauf des Projektes entschieden. Deshalb ist es sinnvoll, einen separaten **Meilensteinplan** anzufertigen.

	Februar	März	April
Recherche Schul-Homepages	28.02. Vorlage zur Besprechung	30.03. Start der Recherche	27.04. Ergebnis der Recherche
Umfrage Schüler	28.02. Vorlage Umfrageentwurf		27.04. Ergebnis der Umfrage

Abb. 2.11: Meilensteinplan

11. Fertigen Sie aus dem PSP „Neuer Internetauftritt der Schule" einen Meilensteinplan an!

Neben dem PSP werden auch gern sogenannte Balkendiagramme (Gantt-Diagramme) und die Netzplantechnik verwendet. Das **Balkendiagramm** hat den Vorteil, dass es leicht zu verstehen und sehr übersichtlich ist, vor allem, da die terminliche Situation auf einen Blick erkannt wird. Voraussetzung ist auch hier, dass eine Vorgangsliste erstellt wird. Es ist deshalb empfehlenswert, neben dem PSP ein Balkendiagramm anzulegen.

Neuer Internetauftritt	Feb	Mrz	Apr	Mai	Jun	Jul
16.03. Projektstart						
23.03. – 27.04. Recherche Internetauftritt	FERIEN		FERIEN	◆	FERIEN	
23.03. – 27.04. Schülerumfrage				◆		
23.03. – 27.04. Lehrerumfrage – Fachschaft				◆		
04.05. – 18.05. Auswertung						
15.06. – 29.06. Vorbereitung Expertengespräch						

◆ Meilensteine

Abb. 2.12: Gantt-Diagramm

Der **Netzplan** zeigt auf grafische Weise die logische und zeitliche Abfolge von Teilvorgängen. Man kann somit erkennen, wo der *kritische Pfad* ist, also diejenigen Arbeitspakete, die bei einer Verzögerung das Gesamtprojekt terminlich verändern. Andererseits weist der Netzplan auch Pufferzeiten auf, d. h., eine terminliche Verschiebung dieser Arbeitspakete bedroht nicht das Gesamtprojekt.

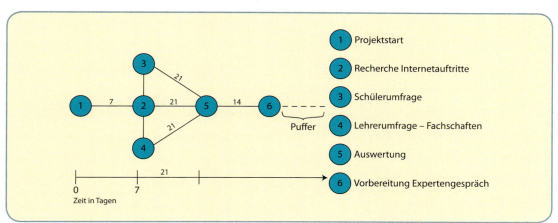

Abb. 2.13: Netzplantechnik

12. Erstellen Sie für Ihr Projekt zunächst einen detaillierten PSP und im Anschluss ein Balkendiagramm. Kennzeichnen Sie im Balkendiagramm wichtige Meilensteine mit einer Raute!

Abb. 2.14: Bausteine der Planungsphase

Zeitmanagement

Das Arbeiten in Projekten erfordert Planung und (Selbst-)Disziplin im Hinblick auf die verabredeten Ziele und Meilensteine. Es ist nicht immer einfach, alle Aufgaben „unter einen Hut" zu bringen, da neben der Projektarbeit auch noch andere Aufgaben sowohl schulischer als auch privater Art anstehen. In Unternehmen und anderen Einrichtungen werden deshalb Projekte durch ein professionelles Zeitmanagement unterstützt: Das ist das systematische und disziplinierte Planen des Zeitablaufs. Der Zweck ist, mehr Zeit für wichtige Dinge im Beruf und im Privatleben zu erhalten. Durch eine wirklich systematische Planung kann erstaunlich viel Zeit gewonnen werden.

Das Team sollte sich bei der Planung z. B. folgende Fragen stellen:

- **Was** muss erledigt werden?
- **Wann** muss es erledigt werden?
- **Wo** wird es gemacht?
- Mit **welcher Priorität**?
- **Wie viel Zeit** ist erforderlich?

Daraus ergibt sich dann eine zeitliche **Erledigungspyramide.** Diese Zeitschritte müssen in einem Zeitplan genau festgehalten werden, z. B. mit einem Gantt-Diagramm, in dem jedem Zeitschritt eine Aufgabe zugeordnet wird.

Heute
diese Woche
nächste Sitzung
nächste Präsentation
Schlusspräsentation
Projektende

Für die persönliche Zeitplanung ist es wichtig, dass eine Bestandsaufnahme der eigenen Aktivitäten und Aufgaben vorgenommen wird. Dafür sollten folgende Fragen in einem Zeitprotokoll – am besten über eine Woche hinweg – erfasst werden: Wofür brauche ich wie viel Zeit? Welche Bereiche (z. B. Schule, Freizeit, Sport, Hobby) gibt es in meinem Leben?

Nachdem Sie Ihren persönlichen Zeitplan analysiert haben, sollten Sie in einem nächsten Schritt täglich Ihre Zeit schriftlich planen und die anstehenden Aufgaben in vier verschiedene Kategorien einteilen.

Kategorie 1	Kategorie 2	Kategorie 3	Kategorie 4
dringende und wichtige Aufgaben: Diese Aufgaben müssen unbedingt erledigt werden, z. B. weil ein Sponsor abzuspringen droht.	**für die Zukunft wichtige Aufgaben:** Diese Aufgaben sind momentan nicht dringend, aber sie dürfen nicht vernachlässigt werden, z. B. Zwischenpräsentationstermin beim Auftraggeber in zwei Wochen.	**langfristig nicht wichtige Aufgaben:** Diese Aufgaben müssen zwar dringend erledigt werden, sind aber langfristig nicht von Bedeutung, z. B. Abheften/Ordnen von Projektmaterialien.	**nicht dringend und nicht wichtig:** Es entsteht kein Schaden, wenn diese Aufgaben nicht erledigt werden, z. B. Kuchen backen für das Team.

Wenn Sie nun Ihre Zeit planen, teilen Sie Ihre Aufgaben nach der Dringlichkeit/Kategorie ein und erledigen Sie sie dann der Rangfolge nach, also zuerst die Aufgabe der Kategorie 1 mit der höchsten Dringlichkeit.

Teamentwicklung

Ein Team ist ein Organismus, der sich erst entwickeln muss. Die Entwicklung eines Teams geht nicht linear, zielstrebig und mit immer größerer Effizienzsteigerung vor sich. Ein Team muss erst zusammenwachsen, die Möglichkeit haben sich zu orientieren, Konflikte auszuleben und zu beseitigen, Kompromisse zu schließen und zu wachsen.

Abb. 2.15: Schaubild Team

13. Was zeichnet ein erfolgreiches Team aus? Fertigen Sie aus den Aussagen des Schaubilds eine Mindmap an und ergänzen Sie sie um weitere Aspekte!

Der Entwicklungsprozess eines Teams vollzieht sich auf verschiedenen Ebenen:

Sachebene			
Projektaufgabe	Strukturierung	Systematisierung	Vorgehen
Psychologisch-soziale Ebene			
Kooperation	Kommunikation	Konfliktbewältigung	Schnittstellen

Abb. 2.16: Ebenen im Entwicklungsprozess eines Teams

Ein Team durchläuft auch während des Entwicklungsprozesses verschiedene Phasen. Idealtypisch werden diese in vier Stadien eingeteilt (siehe Beschreibung folgende Seite).

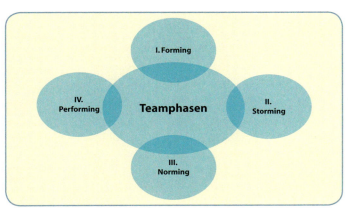

Abb. 2.17: Phasen der Teamentwicklung

I. Forming-Phase (Testphase)

In dieser Phase entsteht das Team. Die Mitglieder kommen mit bestimmten Erwartungen und sind auf der Suche nach ihrer Rolle innerhalb des Teams. Die Teammitglieder beschnuppern sich gegenseitig und auf der Sachebene werden erste Informationen [ausgetauscht] bzw. gemeinsame Ziele formuliert.

II. Storming-Phase (Nahkampfphase)

Diese ist die wichtigste Phase der Teamentwicklung. Teams, die in dieser Phase nicht einen allgemeinen Grundkonsens finden, werden scheitern. In dieser Phase wird um Machtpositionen gekämpft, Meinungen werden strikt vertreten und persönliche Differenzen der Teammitglieder untereinander deutlich. Dazu kommt, dass die eingesetzten Methoden und die Teamleitung diskutiert oder gar angegriffen werden. Am Ende der Phase sollten die Definition der Aufgabenrollen und der Konsens hinsichtlich der Aufgabenverteilung sowie die Zielsetzung stehen.

III. Norming-Phase (Orientierungsphase)

Die Wogen im Team haben sich geglättet, Verhaltensnormen werden deklariert und es ist ein „Wir-Gefühl" entstanden. Jetzt beginnt die eigentliche Arbeit im Team. Gedanken, Daten und Ideen werden offen ausgetauscht und bewertet. Auftretende Konflikte sollten aber auch in dieser Phase thematisiert werden, da sonst die Arbeit langfristig ins Stocken kommt.

IV. Performing-Phase (Arbeitsphase)

In dieser Phase sind dank der hohen Teamkohäsion[1] Spitzenleistungen möglich. Die Gruppe steuert überwiegend selbstständig. Konflikte und andere Probleme werden in Feedback-Sitzungen diskutiert und in der Regel auch gelöst.

nach: http://lehrerfortbildung-bw.de/kompetenzen/projektkompetenz/durchfuehrung/organisation/teamentwicklung.htm vom 4. März 2010

Die dargestellten Phasen sind idealtypischer Natur. So kann die Reihenfolge durch eventuelle Rückschläge verändert werden. Für eine Diagnose, in welcher Phase sich ein Team gerade befindet, kann die Teamuhr helfen.

Wie spät ist es in unserem Team?

14. Eine Teamuhr wird ausgehängt und jedes Teammitglied hält mithilfe eines Klebepunktes die Stelle des Zifferblattes fest, an der sich das Team seiner Einschätzung nach befindet. Diskutieren Sie anschließend zusammen das Ergebnis und finden Sie einen Konsens darüber, in welcher Phase sich Ihr Team nun tatsächlich befindet! Diese Phase wird mit dem großen der beiden beweglichen Uhrzeiger eingestellt; ein eventueller weiterer Schwerpunkt kann mit dem kurzen Zeiger markiert werden.

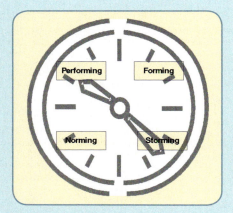

Abb. 2.18: Teamuhr

---

1 Kohäsion = der innere Zusammenhalt der Moleküle eines Körpers

Vor einiger Zeit verabredeten ein deutsches und ein japanisches Unternehmen, dass jedes Jahr ein Wettrudern über 1000 Meter mit einem Achter auf dem Rhein-Main-Donaukanal aus-
5 getragen werden solle. Beide Mannschaften trainierten lange und hart, um ihre volle Leistungsfähigkeit zu erreichen. Als der große Tag des Wettkampfes endlich da war, waren beide Mannschaften topfit.

Abb. 2.19: Einer rudert, vier befehlen

10 Die Japaner gewannen klar mit einem Vorsprung von 400 Metern. Nach dieser Niederlage war das deutsche Team so deprimiert, dass das oberste Management entschied, dass der Grund für diese vernichtende Niederlage unbedingt herausgefunden werden müsse. Ein Projektteam wurde eingesetzt, um dieses Problem zu untersuchen. Die Untersuchung ergab: Bei den Japanern ruderten acht Leute und einer steuerte, bei dem deutschen Team hingegen ruderte ein Mann und acht Leute steuerten.

zitiert nach Harry Zingel, www.zingel.de vom 16. August 2008

15. Überlegen Sie, welche Auswirkungen sich für die Projektarbeit ergeben, wenn nur „ein Mann rudert und acht Leute steuern"!
16. In jedem Team treffen nicht nur unterschiedliche Charaktere aufeinander, sondern jedes Teammitglied verfügt über verschiedenartig ausgeprägte Kompetenzen. Überlegen Sie mithilfe der Methode des Brainstormings, welche Kompetenzstärken Ihr Team besitzt und wo eventuell Nachholbedarf besteht!

Für die Teamarbeit ist es sinnvoll, ein „Teamkreuz" zu erstellen, denn in einem Team sind alle Rollen/Fähigkeiten notwendig. Schwach besetzte Stellen machen darauf aufmerksam, dass bestimmte Rollen/Fähigkeiten noch bewusst ausgebaut werden müssen.

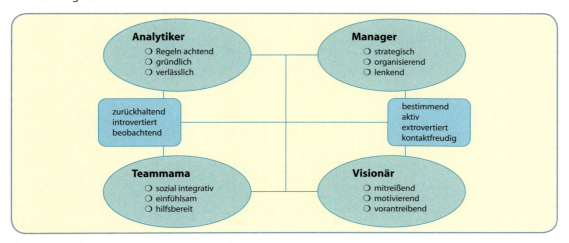

Abb. 2.20: Teamkreuz

17. Erstellen Sie für Ihr Team gemeinsam ein Teamkreuz und leiten Sie aus dem Ergebnis notwendige Handlungsschritte ab!

Selbst- und Fremdeinschätzung

Im Rahmen der Teamentwicklung bietet es sich auch an, eine Selbst- und Fremdeinschätzung durchzuführen. Jedes Gruppenmitglied erhält dazu einen Bogen „Selbsteinschätzung" und füllt diesen aus. Darüber hinaus erhält es so viele Bögen „Fremdeinschätzung", wie es andere Gruppenmitglieder gibt, beschriftet diese mit seinem eigenen Namen und verteilt sie an alle anderen Partner. Da nun jedes Gruppenmitglied für jeden Partner einen Bogen hat, füllt er diese aus. Die ausgefüllten Bögen werden dem Betreuer überreicht und dieser gibt die Bögen jeweils den Personen, zu denen die Einschätzung getroffen wurde. Damit hat jedes Gruppenmitglied sowohl Selbst- als auch Fremdeinschätzungen und kann diese vergleichen – die Unterschiede werden oftmals erheblich sein!

Vorschlag für den Inhalt eines Selbst- bzw. Fremdeinschätzungsbogens

1 = trifft sehr zu   2 = trifft zu   3 = trifft ziemlich zu   4 = trifft weniger zu   5 = trifft nicht zu

Selbst- bzw. Fremdeinschätzung von _____
durch _____

Rolle im Team Ich bin … Sie/Er ist …	1	2	3	4	5
Planer	☐	☐	☐	☐	☐
Organisator	☐	☐	☐	☐	☐
Teamspieler	☐	☐	☐	☐	☐
Vermittler	☐	☐	☐	☐	☐
Berater	☐	☐	☐	☐	☐
Zuhörer	☐	☐	☐	☐	☐
Richter	☐	☐	☐	☐	☐
Prediger	☐	☐	☐	☐	☐
Einzelkämpfer	☐	☐	☐	☐	☐
Partner	☐	☐	☐	☐	☐
Problemlöser	☐	☐	☐	☐	☐
Zauderer	☐	☐	☐	☐	☐
Ausführender	☐	☐	☐	☐	☐
Zielsetzer	☐	☐	☐	☐	☐

Vorschlag für den Inhalt eines Selbst- bzw. Fremdeinschätzungsbogens (Fortsetzung)

1 = trifft sehr zu	2 = trifft zu	3 = trifft ziemlich zu	4 = trifft weniger zu	5 = trifft nicht zu

Eigenschaften im Team	1 2 3 4 5		1 2 3 4 5		1 2 3 4 5
aktiv	☐ ☐ ☐ ☐ ☐	langsam	☐ ☐ ☐ ☐ ☐	temperamentvoll	☐ ☐ ☐ ☐ ☐
ausdauernd	☐ ☐ ☐ ☐ ☐	loyal	☐ ☐ ☐ ☐ ☐	tolerant	☐ ☐ ☐ ☐ ☐
ehrgeizig	☐ ☐ ☐ ☐ ☐	offen	☐ ☐ ☐ ☐ ☐	unparteiisch	☐ ☐ ☐ ☐ ☐
ehrlich	☐ ☐ ☐ ☐ ☐	originell	☐ ☐ ☐ ☐ ☐	vertrauenswürdig	☐ ☐ ☐ ☐ ☐
empfindsam	☐ ☐ ☐ ☐ ☐	produktiv	☐ ☐ ☐ ☐ ☐	warmherzig	☐ ☐ ☐ ☐ ☐
engagiert	☐ ☐ ☐ ☐ ☐	respektvoll	☐ ☐ ☐ ☐ ☐	freundlich	☐ ☐ ☐ ☐ ☐
ernst	☐ ☐ ☐ ☐ ☐	kämpferisch	☐ ☐ ☐ ☐ ☐	kreativ	☐ ☐ ☐ ☐ ☐
gutmütig	☐ ☐ ☐ ☐ ☐	rücksichtslos	☐ ☐ ☐ ☐ ☐	stark	☐ ☐ ☐ ☐ ☐
hart	☐ ☐ ☐ ☐ ☐	selbstsicher	☐ ☐ ☐ ☐ ☐	stolz	☐ ☐ ☐ ☐ ☐
hilfsbereit	☐ ☐ ☐ ☐ ☐	sorgfältig	☐ ☐ ☐ ☐ ☐	kritisch	☐ ☐ ☐ ☐ ☐
interessant	☐ ☐ ☐ ☐ ☐	spontan	☐ ☐ ☐ ☐ ☐	standfest	☐ ☐ ☐ ☐ ☐

3 Projektdurchführung

Während der Durchführung des Projekts koordiniert die Projektleitung alle Elemente des Projekts. Dies bedeutet, dass das Projekt immer wieder aktiv beeinflusst und gesteuert werden muss. Der geplante und aktuelle Projektverlauf muss abgeglichen, Abweichungen müssen festgestellt und eventuell mögliche Gegenmaßnahmen durchgeführt werden (Abb. 3.1).

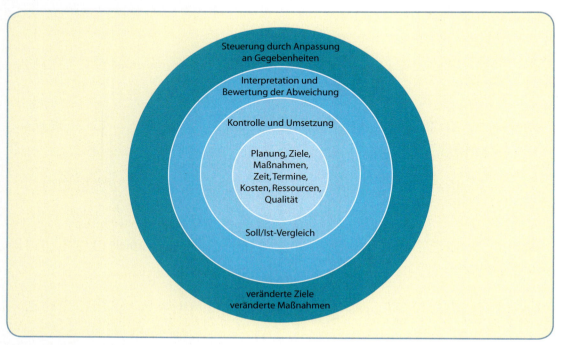

Abb. 3.1: Projektcontrolling

In dieser Phase muss sichergestellt sein, dass alle Beteiligten am Projekt ein **Feedback** erhalten. Dazu sind regelmäßige Treffen im Projektteam und auch mit dem Auftraggeber nötig. Unterschiedliche Auffassungen und Interpretationen der am Projekt Beteiligten müssen auf einen Nenner gebracht werden.

Tagesordnung der Teamsitzung am …

- Wie sind unsere Zwischenergebnisse?
- Gibt es Schwierigkeiten oder Verzögerungen?
- Welche Erfahrungen haben wir bisher gemacht?
- Haben wir alle den gleichen Informationsstand?
- Wie können wir größere Probleme gemeinsam lösen?
- Wie gehen wir weiter vor?

1. Überlegen Sie gemeinsam, welche Fragestellungen momentan für Ihr Projekt entscheidend sind!

Alle Teamsitzungen werden dokumentiert und die Ergebnisse im Pflichtenheft festgehalten, damit ist jedes Teammitglied über den aktuellen Stand des Projekts informiert.

Feedback

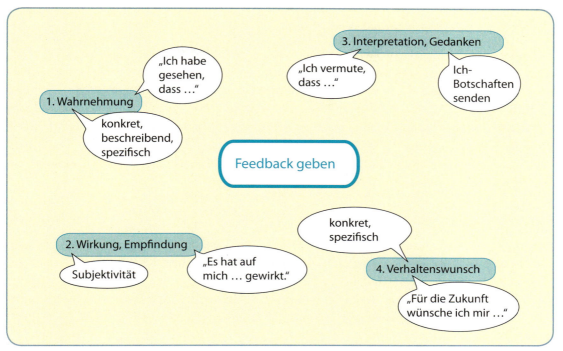

Abb. 3.2: Feedback geben

Der Projektleiter ist nicht nur „Motor" des Projekts; er muss führen, die Bedürfnisse und Beobachtungen der Projektteilnehmer zusammenfügen, sich selbst zurücknehmen, gegensteuern und zuhören. Hilfreich können dabei sogenannte Feedback-Regeln sein.

Die Projektleitung muss auf eine angemessene Art Feedback einfordern, damit Ergebnisse oder Rückschläge schnell korrigiert werden können. Die größte Kunst dabei ist: Wie sage ich einem Teammitglied, wie ich ihn sehe, ohne ihn dabei zu verletzen. Feedback sollte zielorientiert sein, d. h., Möglichkeiten für die Zukunft aufzeigen, aus seinen Fehlern zu lernen. Feedback sollte also nur gegeben werden, wenn es hilfreich sein kann. Um dies zu erreichen, müssen einige Grundsätze beachtet werden.

Regeln für das Geben von Feedback: Feedback sollte immer …

- **konstruktiv** sein, d. h. Perspektiven für die Zukunft bieten.
- **beschreibend** sein, d. h., man sollte Bewertungen und Interpretationen vermeiden. Außerdem ist Meckern, Schimpfen und Beleidigen völlig unangebracht.
- **konkret** sein. Bei Verallgemeinerungen und pauschalen Aussagen weiß der Betreffende nicht, wie er das Problem beseitigen kann. Außerdem ist es am einfachsten, das Feedback nachzuvollziehen, wenn das Ereignis möglichst konkret beschrieben wird.
- **subjektiv** formuliert sein. Wenn man von seinen eigenen Beobachtungen und Eindrücken spricht und nicht von denen anderer, fällt es dem Beteiligten leichter, das Feedback anzunehmen.
- **nicht nur negativ** sein. Man sollte stets daran denken, dass es schwer ist, Kritik einzustecken. Daher ist es für den Feedback-Empfänger leichter, Verbesserungsvorschläge zu akzeptieren, wenn er merkt, dass man nicht nur herumkritisieren möchte, sondern auch die positiven Seiten sieht. Die „Sandwich-Theorie" empfiehlt, jede negative Kritik zwischen zwei Schichten von positiven Elementen zu betten.

Beim Entgegennehmen von Kritik befindet sich der Empfänger in einer passiven Rolle, ist also Vorwürfen erst einmal hilflos ausgesetzt. Ein nach den Regeln gegebenes Feedback eröffnet aber die Möglichkeit zu erkennen, wie die eigene Wirkung auf andere ist. Deshalb sollte man als Empfänger

- **ausreden** lassen: Man kann nicht wissen, was der andere sagen will, bevor er nicht zu Ende gesprochen hat.
- **sich nicht rechtfertigen oder verteidigen**: Es ist wichtig, sich klar zu machen, dass der andere nie beschreiben kann, wie man ist, sondern immer nur, wie man speziell auf ihn wirkt. Diese Wahrnehmung ist durch eine Klarstellung nicht revidierbar. Man sollte die Meinung des anderen hinnehmen und, falls man möchte, auch daraus lernen. Es ist lediglich wichtig zu verstehen, was der andere meint, man sollte sich also nicht scheuen, Verständnisfragen zu stellen.
- **dankbar** sein: Denn ein Feedback hilft, sich selbst und die eigene Wirkung auf andere kennenzulernen und dadurch sicherer und kompetenter im Auftreten zu werden.

Regeln für das Empfangen von Feedback

- **Worüber möchten Sie Feedback haben?** Wenn Sie um Feedback bitten, nennen Sie konkrete Verhaltensweisen, deren Wirkung auf Ihre Gesprächspartner Sie wissen wollen. Oder bitten Sie um Feedback und Intervention, wenn Ihre Gegenüber sich von Ihnen gestört fühlen.
- **Vergewissern Sie sich:** Versuchen Sie wirklich zu verstehen, was Ihr Gegenüber Ihnen sagen möchte. Was bringt sein Beitrag Ihnen Neues? Erst dann sollten Sie über die Bedeutung reflektieren, die das Feedback möglicherweise für Sie hat.
- **Teilen Sie Ihre Reaktionen auf das Feedback mit:** Wenn Sie weitere Informationen über Ihr Verhältnis möchten und von Ihrem Gegenüber wieder einmal Feedback brauchen, muss er wissen, wie seine Beobachtungen auf Sie wirken und ob sie Ihnen helfen. Sagen Sie ihm, welchen Einfluss seine Interaktion auf Ihre beiderseitigen Beziehungen gehabt hat.
- **Akzeptieren Sie nicht unkritisch:** Prüfen Sie das Feedback an Ihrem Verhalten in ähnlichen und anderen Situationen nach. Können Sie es bestätigen oder nicht? Ist Ihnen Ähnliches schon einmal gesagt worden? Fragen Sie die anderen Gruppenteilnehmer nach deren Eindrücken – können diese das Feedback bestätigen, modifizieren, korrigieren? Bleiben Sie aber auch sich selbst gegenüber kritisch: Erleben Sie zu wenig oder zu viel Feedback? Neigen Sie zu Widersprüchen? Neigen Sie zu Gegenangriffen? Neigen Sie dazu, misszuverstehen oder falsch zu deuten?

2. Ein Schüler hat eine Arbeitsaufgabe im Projekt „Neuer Internetauftritt der Schule" unzureichend erfüllt, denn die geforderte Recherche bei der Fachschaft Wirtschaft und Recht für mögliche Inhalte auf der neuen Homepage ergab nur folgendes Ergebnis:
   - Aufzählung der Fachschaftsmitglieder: 3 Personen
   - Kernpunkte des Lehrplans: Verbrauchererziehung, berufliche Orientierung, Unternehmen
   - Aktivitäten: Berufsinformationstag, Praktikum in der 9. Klasse

   Gehen Sie nach der Feedback-Regel vor und versuchen Sie dem Schüler dadurch zu helfen, zukünftig ein besseres Ergebnis finden zu können!

Kommunikation im Team

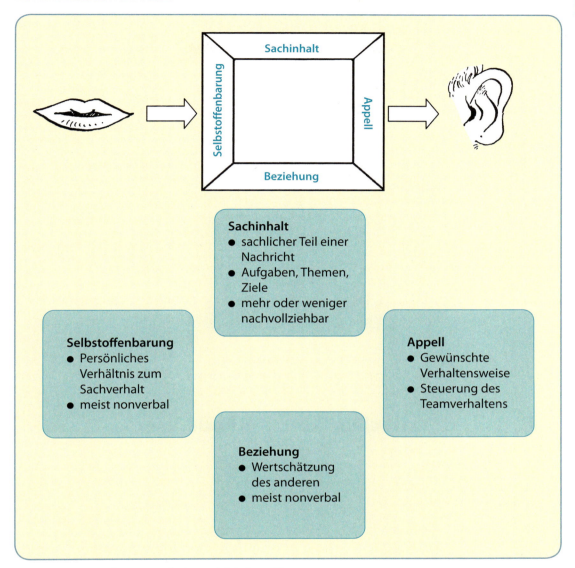

Abb. 3.3: Vier Ebenen der Kommunikation nach Schulz von Thun

Kommunikation heißt Austausch von Informationen. So einfach diese Definition klingt, so schwierig erweist sich die Umsetzung oft in der Realität. Jede Kommunikation beruht auf der individuellen Wahrnehmung, die bei den einzelnen Individuen sehr unterschiedlich ist, schließlich ist sie von äußeren und inneren Faktoren abhängig. Um zu einer verbesserten Kommunikation im Team zu gelangen, bieten sich folgende Grundregeln an:

Sachinhalt
- einfache Sprache verwenden
- auf den Punkt kommen, Kernaussagen treffen

Selbstoffenbarung
- darauf achten, was man über sich selbst sagen möchte
- dies möglichst direkt mitteilen

Beziehung
- sich bewusst machen, wie man die Beziehung zum Gegenüber sieht
- auf Aussagen verzichten, die den Gesprächspartner abwerten

Appell
- Erwartungen möglichst klar aussprechen – der Gesprächspartner kann keine Gedanken lesen

(nach: Friedemann Schulz von Thun, Miteinander reden 1, Reinbek bei Hamburg 1981)

3. Teammitglied Hans gibt seinem Team bekannt: „Bis morgen um 20 Uhr habe ich alle Unterlagen für die Präsentation. Ansonsten kann ich für nichts garantieren!"
   a) Analysieren Sie die Botschaft nach den in der Grafik 3.3 dargestellten Ebenen.
   b) Unternehmen Sie den Versuch, die Botschaft klar zu übermitteln.
   c) Beurteilen Sie in der Gruppe, ob Ihre Aussagen zu b) gelungen sind!

Eine weitere Möglichkeit, die Kommunikation im Team zu reflektieren, ist der Einsatz des Johari-Fensters:

	Mir bekannt	Mir unbekannt
anderen bekannt	**Öffentliche Person** A	**Blinder Fleck** B
anderen unbekannt	**Mein Geheimnis** C	**Unbekanntes** D

Andere teilen mir über mich mit →

ich gebe preis ↓

Abb. 3.4: Johari-Fenster

Das Johari-Fenster

Der **Bereich A** umfasst den Teil des gemeinsamen Wissens, also jene Aspekte unseres Verhaltens, der uns selbst und den anderen Mitgliedern der Gruppe bekannt ist und in dem uns unser Handeln frei, unbeeinträchtigt von Ängsten und Vorbehalten erscheint. Hier sind wir quasi die „öffentliche" Person.

Der **Bereich B** umfasst den „Blinden Fleck", also den Anteil unseres Verhaltens, den wir selbst wenig, die anderen Mitglieder der Gruppe dagegen recht deutlich wahrnehmen: die unbedachten und unbewussten Gewohnheiten und Verhaltensweisen, die Vorurteile, Zu- und Abneigungen. Hier können uns die anderen Teammitglieder Hinweise auf uns selbst geben. Dieser Bereich wird meist nonverbal, etwa durch Gesten, Kleidung, Klang der Stimme, Tonfall ausgedrückt.

Der **Bereich C** umfasst den Bereich der Zurückhaltung, also jene Aspekte unseres Denkens und Handelns, den wir vor anderen bewusst verbergen – die „heimlichen Wünsche", die „empfindlichen Stellen", quasi die „private Person". Durch Vertrauen und Sicherheit zu anderen Teammitgliedern kann dieser Bereich erheblich eingegrenzt werden.

Der **Bereich D** umfasst den unbewussten Bereich, der weder uns noch anderen unmittelbar zugänglich ist; zu ihm kann aber etwa eine Tiefenpsychologin oder ein Tiefenpsychologe Zugang finden. Verborgene Talente und ungenützte Begabungen sind Beispiele hierfür.

bearbeitet nach: http://arbeitsblaetter.stangl-taller.at/KOMMUNIKATION/Joharifenster.shtml vom 4. März 2010

4. Wie müsste sich das Verhältnis der Quadranten des Johari-Fensters (Abb. 3.4) verändern, wenn in einer Gruppe die Kommunikation besser klappen soll? Diskutieren Sie Ihre Ergebnisse im Plenum!

Zu einer „guten" Kommunikation gehört auch, dass man anderen Menschen gut zuhören kann. Da diese Fähigkeit meistens nicht besonders ausgeprägt ist, kommt es immer wieder zu Missverständnissen, man redet aneinander vorbei. Aktiv zuhören bedeutet, dem Gesprächspartner deutlich zu signalisieren, dass man seinen Ausführungen folgt.

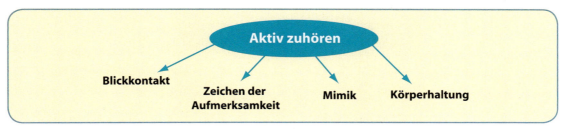

Abb. 3.5: Aktiv zuhören

5. Legen Sie genau fest und führen Sie aus, was mit den Stichpunkten zu „Aktiv zuhören" gemeint ist, und legen Sie im Anschluss Regeln für Ihr Team fest!

Beim **kontrollierten Dialog** wird der Beitrag des Vorredners (Sprecher A) vom nachfolgenden Redner (B) wiederholt, und zwar bevor dieser seine eigenen Gedanken oder Argumente äußert. Bei der Wiederholung wird der gedankliche oder auch gefühlsmäßige Kern des Beitrags in eigenen Worten zusammengefasst. Der Vorredner entscheidet, ob die sinngemäße Wiedergabe korrekt ist. Erst wenn dies bestätigt wurde, trägt der Sprecher seinen Gedanken vor.

6. Führen Sie im Team einen kontrollierten Dialog durch und listen Sie nach dem Durchlauf mögliche Vorteile und Nachteile dieser Kommunikationsart auf!

Vorteile	Nachteile
konzentriertes Zuhören	langweiliges Gespräch
gutes Gesprächsklima	verlängertes Gespräch
...	...

Um auch über die gesamte Projektarbeit hinweg einen guten Informationsfluss zu gewährleisten, müssen klare Kommunikationsregeln, die für alle Teammitglieder verpflichtend sind, aufgestellt werden. Diese Regeln sollten auch in regelmäßigen Abständen überprüft und bei Bedarf nachgebessert werden.

Beispiel:

Kommunikationswege für eine erfolgreiche Projektarbeit:
- feste Treffen vereinbaren (Zeitpunkt und Ort)
- Informationen weitergeben (Bring- und Holschuld)
- Protokolle führen, verteilen und abheften
- E-Mail-Verteiler mit allen Projektteilnehmern einrichten
- Kommunikationsplattform, z. B. Moodle

7. Wer muss wann auf welchem Weg informiert werden?
   a) Erörtern Sie diese zentrale Frage in einem Brainstorming in Ihrem Team!
   b) Halten Sie dann die gefundenen – für alle verbindlichen – Regeln schriftlich fest!

4 Projektabschluss

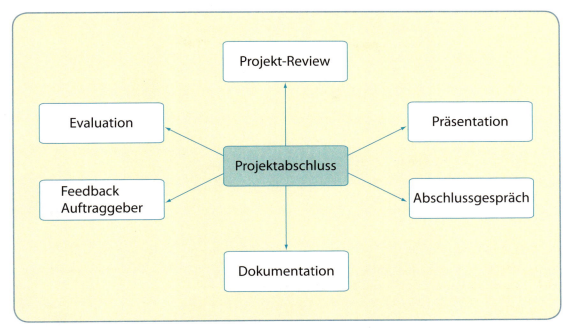

Abb. 4.1: Übersicht Projektabschluss

Da jedes Projekt zeitlich begrenzt ist, wird es ein klar definiertes Ende geben. Hier wird neben der Ergebnispräsentation, der Erstellung, Abgabe und Besprechung des Portfolios auch eine Rückschau (Review) mit der Prüfung im Mittelpunkt stehen, ob das Projektziel erreicht wurde. Darüber hinaus kann es sein, dass dem Auftraggeber eine Dokumentation übergeben werden muss. Sicherlich ist es zudem nützlich, auch von seinem Auftraggeber ein Feedback über das Projektergebnis zu erhalten.

Ergebnispräsentation
Die geleistete Arbeit kann lediglich dem Team, kann aber auch Externen (z. B. Unternehmen, Eltern) oder anderen Schülergruppen vorgestellt werden.

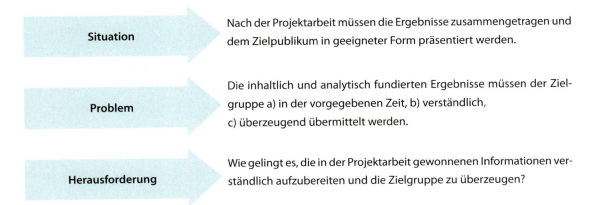

Eine gelungene Projektpräsentation hat zur Aufgabe, Wissen und Erfahrungen zu vermitteln, die Projektidee weiterzuverbreiten und der Selbstdarstellung des Teams zu dienen.

Präsentieren von Ergebnissen

Abb. 4.2: Eine Präsentation sollte gut vorbereitet werden.

Die Präsentation Ihrer Ergebnisse ist ein letzter wichtiger Meilenstein Ihres Projekts. Häufig ist sie mit einer Computer-Präsentation, z. B. mithilfe von Powerpoint, oder mit anderen Mitteln der Veranschaulichung, z. B. einem Tageslichtprojektor, verbunden. Damit dem Publikum die zentralen Aussagen zum Projekt vorliegen, wird meistens eine schriftliche Zusammenfassung (ein Handout) verteilt, die objektiv, so kurz wie möglich und in einer klaren und nachvollziehbaren Sprache dargestellt wird. Denkbar ist auch eine Veröffentlichung auf der Schul-Homepage.

Die häufigste Form einer Präsentation ist nach wie vor der Schülervortrag; üblich ist z. B. auch die Gestaltung eines Tafelanschriebs, von Schautafeln, Plakaten oder Ausstellungen. Da es sich bei der Präsentation um die Ergebnisdarstellung einer Projektgruppe handelt, sollte auch überlegt werden, ob sie einzeln, zu zweit oder im Team vorgetragen wird.

Trotz der multimedialen Entwicklungen sollte das gesprochene Wort nach wie vor der zentrale Bestandteil einer Präsentation sein. Damit diese möglichst wirkungsvoll ist, sollten Sie z. B. folgende Aspekte beachten:

- Bereits in der **Vorbereitungsphase** sollte in der Gruppe Klarheit über die wesentlichen Ziele, Strategien und Botschaften des Vortrags bestehen. Dabei spielt auch die Zusammensetzung der Zuhörer eine wichtige Rolle. Je nachdem, welche Vorkenntnisse diese besitzen, sollten Sie für die nötigen Vorinformationen sorgen. Ideal ist es, wenn dadurch alle im Publikum über einen ausreichenden Wissensstand verfügen, um Ihrem Vortrag problemlos zu folgen. Eine Präsentation vor dem eigenen Team wird daher anders aussehen als eine Präsentation vor Mitarbeitern in einem Unternehmen.

- In der **Einstimmungsphase** ist es wichtig, die Stimme vorzubereiten sowie Gestik, Mimik und das richtige Stehen zu üben. Die 4-S-Regel „Stehen, Schnaufen, Sehen, Sprechen" sollte beachtet werden.
- Stellen Sie sich den Zuhörern gegebenenfalls vor (Name, Schule, Thema und dessen Bedeutung) und **starten Sie schwungvoll**, damit Ihre Zuhörer von Anfang an für die Inhalte gewonnen werden können.
- Eine **klare Struktur** ist sowohl für den Redner als auch für die Zuhörer eine Art roter Faden. Hilfreich dabei sind Karteikarten im Sinne einer Gedächtnisstütze.
- Der Vortrag sollte **lebendig, möglichst frei und abwechslungsreich** vorgetragen werden und am Ende einen einprägsamen Höhepunkt sowie eine **kurze Zusammenfassung** haben.
- Bereiten Sie sich auf mögliche Fragen der Zuhörer vor und beschaffen Sie sich dafür rechtzeitig die notwendigen Hintergrundmaterialien.

In welcher Form Sie Ihre Projektergebnisse präsentieren, hängt von der Art der Ergebnisse, von der Zielgruppe und von der Entscheidung des Teams ab.

Präsentationsarten			
mündlich z. B. - Vortrag - Referat - Bericht	**visuell z. B.** - Experiment - Modell/Objekte - Ausstellung - Theaterspiel - Videoaufzeichnung	**schriftlich z. B.** - Buch - Dokumentation - literarisches Werk - Broschüre - Internetpräsenz	**interaktiv z. B.** - Debatte - Diskussionsrunde - Hearing - Podiumsgespräch - Radio-Feature - Rollenspiel
Vorbereitung			
- wirkungsvollen Einstieg und Schluss gestalten - Erwartungen der Zuhörer einschätzen - Stichwortkarten anfertigen - Vortragszeit ermitteln - Hilfsmittel bereitstellen - überlegten Medieneinsatz planen - Handouts erstellen	- Informationen und Material ordnen - dynamische Anordnung planen - Grafik und Farben überlegen - augenfreundliche Anordnung vornehmen	- erkennbare Gliederung wählen - Absätze einfügen - guten Einstieg und Schluss planen - Visualisierungsmöglichkeiten überlegen	- dynamischen Ablauf planen - Medien überlegt einsetzen - Ausrüstung überprüfen - Übersicht behalten - räumliche Anordnung der Gesprächsteilnehmer überlegen

Abb. 4.3: Präsentation

Gruppenpräsentationen sind grundsätzlich wie Einzelpräsentationen vorzubereiten, abgesehen von dem für den fließenden Übergang zwischen den einzelnen Rednern entstehenden Mehraufwand. Zu Beginn der Präsentation sollte sich das Team vorstellen. Pausierende Redner stehen oder sitzen im Hintergrund und hören ebenfalls aufmerksam zu. Der Wechsel zwischen den Rednern darf nicht willkürlich sein, sondern ist themengerecht zu wählen. Bei häufigem Rednerwechsel entfallen Überleitungssätze (Redner: „Im Folgenden wird Ihnen Hans Maier unseren Prototypen erklären.") und es wird fortgefahren, als ob nur eine Person präsentierte („Ich zeige Ihnen nun den Prototypen …"). **Folien** werden in der Regel von der redenden Person aufgelegt, das Gleiche gilt auch für die Benutzung des Computers. Einzig die Vorführung spezieller Modelle oder Illustrationen kann mithilfe einer weiteren Person erfolgen. Die pausierenden Teammitglieder dürfen nur bei offensichtlichen Mängeln eingreifen, z. B. wenn das Folienbild abgeschnitten ist.

Ein wichtiger Aspekt, den Sie bereits in der Vorbereitungsphase berücksichtigen sollten, ist die mögliche **Bewertung** Ihrer Präsentation.

1. Überlegen Sie im Team, welche Aspekte für die Bewertung einer guten Präsentation relevant sind und in welcher Gewichtung sie in eine Gesamtnote einfließen müssten!
2. Diskutieren Sie Ihre Ergebnisse im Vergleich mit dem unten stehenden Bewertungsbogen!

Beispiel eines Bewertungsbogens einer Präsentation

Bewertungs-bereiche	Beurteilungskriterien, z. B.	Gewichtung, z. B.
I. Inhalt/Aufbau	**Erfassen/Darstellung des Themas:** Richtige Gewichtung der Einzelteile innerhalb des Gesamtzusammenhangs	3
	Aufbau/Strukturierung: zwingend logisch, klar	2
	Gehalt/Sachliche Richtigkeit: Richtigkeit der Aussagen, Begriffserklärungen, Vollständigkeit	3
	Ergebnissicherung (z. B. Handout und Bibliografie): Richtige Quellenangaben, inhaltlich und formal korrektes Handout, Vollständigkeit in erheblichen Aussagen etc.	2
II. Präsentation/ Diskussion/ Kommunikation	**Einstieg:** dem Thema angemessen, motivierend, originell	2
	Klarheit der Darstellung/sprachliche Gewandtheit	3
	Zuhörerbezug/Lebendigkeit der Darstellung: ständiges Einbinden durch Blickkontakt, passende Stimmmodulation, flüssige, freie Vortragsweise	3
	Auswahl/Beherrschung der Präsentationsmittel: reibungsloses Einbinden der Medien, gewinnbringende Visualisierung mit nachvollziehbaren Erklärungen	2

Abb. 4.4: Beispiel für einen Bewertungsbogen einer Präsentation

3. Bereiten Sie nun die Präsentation Ihrer Projektergebnisse vor!

Nachbereitung

Die Nachbereitung (**Projekt-Review**) eines abgeschlossenen Projekts dient dazu, aus den gewonnenen Erfahrungen für zukünftige Projekte zu lernen. Dabei werden die Stärken und die positiven Aspekte genauso wie die Schwächen und negativen Aspekte betrachtet. Ergebnisse eines Projekt-Reviews werden in einem Dokument festgehalten, z. B. „lessons learned", um diese für die Zukunft festzuhalten und auch für nicht am Projekt Beteiligte zugänglich zu machen.

Projekt-Review		
Ziel- und Ergebnisvergleich	**Strukturierung**	**Zusammenarbeitsformen**
• War die Zieldefinition für das Projekt geeignet? • War(en) eine oder mehrere Änderung(en) der Zieldefinition notwendig? • Waren Nachbesserungen im Zuge der Abnahme des Projekts notwendig?	• War die Projektplanung für alle Beteiligten transparent? • Waren die terminlichen Eckpunkte allen Beteiligten bekannt? • Konnte mithilfe der Meilensteine der Projektfortschritt festgestellt werden? • War allen Beteiligten der Umfang ihres Beitrags zum Projekt bekannt? • War die Dokumentation für die Beteiligten ausreichend?	• Wie werden Termin- und Kommunikationsdisziplin der Gruppe beurteilt? • Wie wurden unterschiedliche Meinungen im Projekt behandelt? • Welche Stärken und Schwächen sieht die Gruppe in der Informationspolitik während des Projekts?

Abb. 4.5: Wesentliche Inhalte eines Projekt-Reviews

Für diese Nachbetrachtung eignen sich folgende Methoden:

- Evaluationszielscheibe (S. 36)
- Stärken-Schwächen-Analyse (SWOT-Analyse, S. 36)
- Befragung der Projektteilnehmer durch Evaluationsbögen (S. 37)

Im Zuge des Projekt-Reviews im Team sollten Sie auch für Sie persönlich feststellen, was Sie bei der Projektarbeit gelernt haben, und diese Reflexion in Ihr Portfolio (siehe S. 9 f.) einfließen lassen.

Evaluationszielscheibe

| 1 = trifft zu | 2 = trifft überwiegend zu | 3 = trifft im Ansatz zu | 4 = trifft nicht zu |

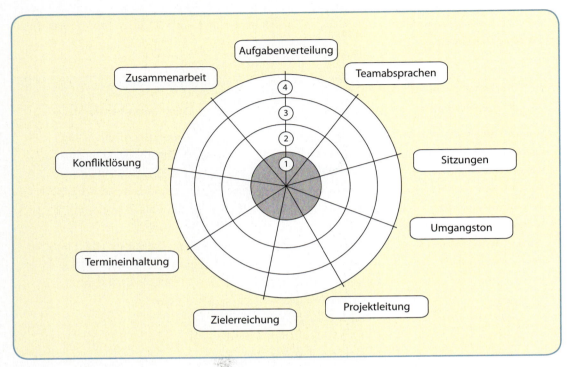

Abb. 4.6: Evaluationszielscheibe

4. Bewerten Sie die einzelnen Teilbereiche, indem Sie Punkte in die entsprechenden Ringe setzen! (Tipp: Dies sollte jedes Teammitglied verdeckt auf einer eigenen Zielscheibe vornehmen, um eine gegenseitige Beeinflussung auszuschließen.)
5. Vergleichen Sie Ihre Evaluationszielscheiben aus Aufgabe 4 und analysieren Sie das Gesamtbild nach den Kriterien: Übereinstimmung – Diskrepanzen – Optimum – Defizite!

SWOT-Analyse

Stärken der Projektentwicklung (Strength**)** • Was hat gut geklappt? • Welche Ziele haben wir erreicht? • Welche positiven Erfahrungen haben wir gemacht?	**Schwächen der Projektentwicklung (W**eakness**)** • Was hat Schwierigkeiten bereitet? • Welche Ziele haben wir nicht erreicht? • Welche negativen Erfahrungen haben wir gemacht?
Mögliche Verbesserungen für zukünftige Projekte (Opportunities**)** • Worauf sollte man unbedingt noch mehr achten? • Was haben wir völlig übersehen? • Was erleichtert uns noch mehr die Projektarbeit?	**Risiken, die in zukünftigen Projekten vermieden werden sollen (T**hreats**)** • Was darf auf keinen Fall passieren? • Welche Fallstricke müssen besonders beachtet werden?

Evaluationsbogen

Der folgende Evaluationsbogen ist ein Beispiel für eine Befragung der Projektteilnehmer und kann je nach Projekt angepasst oder erweitert werden.

1. Ist es den Projektbetreuern gelungen, **Teamarbeit** zu fördern?				
nicht gelungen				sehr gut gelungen
1	2	3	4	5
Bemerkungen:				
2. Ist es gelungen, **Methoden** zu erlernen und Sie dadurch besser auf die Projektarbeit vorzubereiten?				
absolut nichts gelernt				bin jetzt „Methodenprofi"
1	2	3	4	5
Bemerkungen:				
3. Wie schätzen Sie Ihren Lernerfolg beim Erlernen von **Präsentationstechniken** ein?				
absolut nichts gelernt				bin jetzt „Präsentationsprofi"
1	2	3	4	5
Bemerkungen:				
4. Wie bewerten Sie die **zeitliche Organisation** und die **inhaltliche Gestaltung** der einzelnen Module?				
Plenumssitzungen				
sehr schlecht				sehr gut
1	2	3	4	5
Teamsitzungen zeitlich				
sehr schlecht				sehr gut
1	2	3	4	5
Teamsitzungen inhaltlich				
sehr schlecht				sehr gut
1	2	3	4	5
Gespräche mit Lehrer				
sehr schlecht				sehr gut
1	2	3	4	5
„heiße Phase" (Vorbereitung der Abschlusspräsentation)				
sehr schlecht				sehr gut
1	2	3	4	5
Präsentationen				
sehr schlecht				sehr gut
1	2	3	4	5
Bemerkungen:				
5. Wie beurteilen Sie die **Qualität** des **Lernmaterials** und der **Lehrer-Inputs**?				
Lernmaterial				
sehr schlecht				sehr gut
1	2	3	4	5
Lehrer-Inputs				
sehr schlecht				sehr gut
1	2	3	4	5
6. Wie sollten **zukünftige Projekte gestaltet** werden?				
mehr Raum für selbstorganisiertes Lernen				mehr Führung durch die Projektbetreuer
1	2	3	4	5
7. Was ich noch sagen wollte …				

bearbeitet nach Friedemann Fegert/Axel Schwerdtfeger, Carl-Engler-Schule Karlsruhe, in: http://lehrerfortbildung-bw.de/kompetenzen/projektkompetenz/bewertung/review.htm vom 3. März 2010

5 Abschlussgespräch

Mit Ihrer Lehrerin oder Ihrem Lehrer können Sie in einem abschließenden Gespräch Ihren individuellen Lern- und Entwicklungsprozess auf Grundlage des erstellten Portfolios (siehe S. 9 f.) über die Beiträge zur Projektarbeit sprechen. Dadurch, dass alle Leistungen dokumentiert sind, ist es möglich festzustellen, wie gearbeitet worden ist und was man erreicht hat.

In die Bewertung eines Projekts fließen zahlreiche Aspekte mit ein. Denn ein Projekt, das wirklich seinen Namen verdient, verfolgt Ziele, die weit über das normale Unterrichtsgeschehen hinausgehen und damit über das bloße Fachwissen:

- Planungsfähigkeit
- Zeit- und Projektmanagement
- Teamgeist, Kooperation, Integration *in* und Abstimmung *mit* einer Gruppe
- Bereitschaft zur Verantwortung, Verlässlichkeit
- Beurteilungs-, Reflexions- und Kritikfähigkeit
- Eigeninitiative, Kreativität
- Methodenkenntnisse, Lerntechniken
- Software-Beherrschung, Datenanalyse
- Durchführung von Experimenten, Interviewtechniken
- Technologie- und Fertigungskenntnisse
- Problemlösungsfähigkeiten
- Dokumentationsfähigkeiten
- Präsentationsfähigkeiten
- Umgang mit Medien
- …

Insbesondere die Sozial- und Selbstkompetenz spielen bei der Projektarbeit eine große Rolle. Denn an der Sozialkompetenz lässt sich besonders gut erkennen, wie man sich sachlich auseinandersetzen kann und sich in ein Team gewinnbringend einbringt. Schließlich lässt sich daraus ableiten, wie gemeinsam auf ein Ziel hingearbeitet wird. Bei der Selbstkompetenz geht es zunächst um eine positive Grundeinstellung mit entsprechendem Verhalten. Kreativität und Überzeugungskraft mit hinreichenden Handlungsmustern runden das Bild ab.

Folgende Bausteine müssen zum Abschluss eines Projekts erledigt sein:

Abb. 5.1: Bausteine zum Abschluss eines Projekts

Beispiele für Projekte in der Schule

Die folgende Übersicht bietet verschiedene Beispiele für Vorhaben, die mithilfe der Projektarbeit in der Schule erfolgreich durchgeführt werden können.

Projekttitel	Beschreibung/Produkte
Energie aus Kuhmist/Stroh	Bau einer Biogasanlage
Die Geschichte unserer Stadt	Ausstellung und öffentliche Veranstaltung, Pressebericht
Wir verschönern unsere Pausenhalle	Wandplastik, Sitzecken, Bilder …
Wasserqualität in Seen der Umgebung	Untersuchung von Wasserproben, Plakate, Presseartikel
Der richtige Umgang mit Arzneimitteln	Ausstellung in Schaufenster einer Apotheke
Schul-Olympiade – dabei sein ist alles!	Organisation und Durchführung einer Olympiade, Pressebericht
Leckerbissen – unser Schulkiosk	Konzepterarbeitung für einen Schulkiosk, Werbeplakate und Broschüren

Wenn Sie unter den genannten Projekten noch nicht die richtige Idee für sich finden konnten, lassen Sie sich von anderen Projekten inspirieren, die schon einmal durchgeführt wurden. Eine mögliche Inspirationsquelle ist das Internet. Hier sollten Sie jedoch immer vorsichtig sein, wenn es darum geht, an seriöse Informationen zu gelangen.

Auf den folgenden, beispielhaft genannten Internetseiten, werden interessante Projekte vorgestellt, die zwar zu umfangreich für ein Projekt in der Schule sind, aber Impulse für eigene Projektideen geben können. Darunter sind zum Beispiel Projekte zur Unternehmensgründung von Schülern, Projekte zur Unterstützung von Entwicklungsländern oder Hilfsprojekte für Länder, die von Naturkatastrophen betroffen sind. Leiten Sie die Projekte so ab, dass Sie sie selbst in kleinem Rahmen an Ihrer Schule durchführen können.

- http://www.bildungsserver.de/db/ (4. März 2010)
- http://www.juniorprojekt.de/ (4. März 2010)
- http://www.ups-schulen.de/projekte.php (4. März 2010)

Quellenverzeichnis

S. 3:	Bosch; Fotolia (Foto); Fotolia LLC (Coka), New York; Fotolia LLC (pressmaster), New York; Dreamstime LLC (Reflekta), Brentwood
S. 5:	Fotolia LLC (vloenerjung), New York; Fotolia LLC (bilderbox), New York; Bosch
S. 7:	Pamela McCreight
S. 8:	in Anlehnung an: Staatsinstitut für Schulqualität und Bildungsforschung. Die Seminare in der gymnasialen Oberstufe. München 2007, S. 45
S. 9:	bpk, Berlin
S. 11:	in Anlehnung an: bbw/vbw. Projektmanagement. Projektgruppe III. 2003-2005, S. 6
S. 12:	in Anlehnung an: Krause, Dörthe/Eyer, Peter (Hrsg.). Schülerprojekte managen. Bielefeld 2008, S. 196 f.
S. 14:	aufbereitet nach: bbw Fortbildung „Grundlagen des Projektsmanagements für eine gelungene Berufsorientierung im Seminar 2 der neuen gymnasialen Oberstufe". Skript Petra Hofmann. Allianz München
S. 19:	Fotolia.com (Foto); in Anlehnung an: Bernd Kolossa. Ganzheitliches Projektmanagement. Berlin 2006, S. 184
S. 20:	http://lehrerfortbildung-bw.de/kompetenzen/projektkompetenz/durchfuehrung/organisation/teamuhr.htm
S. 21:	Cartoonexpress (Martin Guhl), Stein am Rhein
S. 24:	in Anlehnung an: Krause, Dörthe/Eyer, Peter (Hrsg.): Schülerprojekte managen. Bielefeld 2008, S. 216
S. 25:	bearbeitet nach: Boston Consulting Group. www.business-at-school.de
S. 27:	nach www.schulz-von-thun.de
S. 32:	Fotolia LLC (pressmaster), New York
S. 34:	in Anlehnung an: Staatsinstitut für Schulqualität und Bildungsforschung. Die Seminare in der gymnasialen Oberstufe. München 2008, S. 86